Ned Ludd

SCOUT

2019

Copyright © 2019 – Ned Ludd
ISBN - 9781697096422

Table of Contents / Índice

Scout — behind the game 5

Scout — por trás do jogo 53

Scout — behind the game

Winter 2019

> "Those who tell the truth shall die
> Those who tell the truth shall live forever"
> EitS

Scout is a person paid to be present and follow a sporting event and collect information. He does not seek to measure a player or team's performance; his role is to cover the game in real time. Faster than TV or radio, he provides second-to-second information to the betting market.

Those who buy the information profit from it: they are the first to know about the play and can make the fastest decision in the live betting market.

This book is a Scout's account in such a recent market. In just over 200 games over 04 years, the information presented here aims to explain a little of how the activity works.

February 2016, Diadema (Brazil). Inamar District Stadium

— Hi Ned, this is John from RT. You will cover a game for us today, right?
— Yes, I confirm
— Can you tell me the home team and away team?
— The home team is Agua Santa; the away team is Capivariano
— OK. Confirming, the home team is Agua Santa, the away team is Capivariano. How long to start?
— 55 minutes
— OK, I'll call in 30 minutes. Bye...
— Bye...

I hang up and start washing my hands. I was in the stadium bathroom, preparing to cover another match for RT, my employer. The game was about to start, and I would have no other chance to relieve myself.

Some guy turns to me and asks:

— Hi! My name is Pablo. Are you a Scout too?
— Oh, that's what I do is called? Scout? Yes I am. My name is Ned
— I work for Sports, how about you?
— RT
— Cool, I know a guy who works for them. Let's watch the game together, then we help each other. Right?
— Right

We left the bathroom and climbed into the bleachers. Inamar's stadium is on top of a hill on the edge of the city. On one side the Immigrant Highway, on the other you can see even the Billings Dam. The wind blew hard, and the sun gave no break.

We looked for a place in the shade, away from the most fanatical fans, already armed with flags and a whole samba drum kit. The game was about to start, and the stadium was getting more and more crowded.

Up until that moment I did not understand exactly what I was doing. I went to the games as instructed by email, holding two cell phones, and got a call from Singapore. Following a series of commands, provided real-time coverage of what happened during the match. Always dealing with bad connections that fell all the time, and in an almost incomprehensible English on the other end of the line, a voice that repeated everything I said, to confirm.

I was aware that the information went to the betting market, but I didn't even know the name of the activity I was performing. In fact, I didn't even need to know, I did my job and got paid accordingly. No questions asked.

My # 02 cell phone rings:

— Hi Ned, this is John from RT. Are you in the stadium?
— Yes, positive
— Can you tell me the home team and the away team?
— The home team is Agua Santa; the away team is Capivariano

— OK. Confirming, the home team is Agua Santa, the away team is Capivariano. How long to start?
— 25 minutes
— OK, I'll call you in 10. Bye...

Pablo began to explain a little of what the activity was about. I knew the ball could be in safe (in the defense possession), attack (midfield) or danger (near or inside the penalty area). Each of these commands was preceded by the name of the team in possession of the ball (home or away team). Home attack turned into home danger as the team progressed, becoming a home goal or away safe, for example.

The camp zones were not exact. Like everything else, they depended on interpretation. The ball was in defense only if the team had dominion over it. In the event of a ball dispute in the penalty area, it is always in danger, regardless of the player in play.

— There are two betting markets. The traditional market closes when the game begins: who bet,

bet. From the moment the referee blows his whistle, another market opens, a market that works during the game and fluctuates accordingly. When the ball is in danger, the market may close, and new bets will not be sold. The stakes are very high, and bookmakers stop making goal and corner bets. That is why the goal and corner must always be preceded by a danger command. Each of these events has its own market. When the situation is solved, the market opens again for new bets. So, one only puts safe when the ball is really out of danger. Not only should we say what happens, but also try to look a little further, and report as soon as possible

— But why don't they use TV, radio, or other sources of information?

— Delay. There is delay in the generation, transmission, and reception of the signal. These sources are delayed by a few seconds, and every second counts in this market. They also monitor on TV to check the plays, as well as sources from competing companies. Confirmation of an event may take time, but it must be marked in real time. Every second is critical and can make the difference between winning or losing millions.

I get the final call from RT and from now on I will be reporting in real time until the whistle blows, signaling the end of the first half of the game. I inform the color of the teams' jerseys, the condition of the field and the weather (wind and cloudiness), as well as the occupation of the stadium. The game conditions are part of it, and everything that interferes with the game interests the market.

I believe the information can be used for other purposes. Teams are interested in data for decision making. Ball possession, goal kicks, that stuff. But I see it as a secondary clientele, like Google, which also offers real-time information.

Everyone gets up to hear the national anthem; on the field, only the players and the referee trio remain. The coin is thrown, the home team chooses the ball. Players in position, the referee prepares to whistle.

— Standby to home kickoff. In position to start, home team kick off
— Standby to home kickoff. In position to start, home team kick off
— Kickoff taken
— Kickoff taken
— Home attack…

From that day on I understood what I was doing. I was answering commands like a rat before that, operating like a blind.

September 2015 São Paulo (Brazil)

I open the newspaper, in yet another almost useless attempt to get a job. Who offers a job on newspaper ads nowadays? I come across a small ad that catches my attention because it is written in English.

We need reporters to transmit soccer games. Fluent English required.
val@rt.com
I send an email that is promptly answered. Val sends me the manual, a PDF file with all the

company's procedures. I read it once, and another time the next day. The manual contained everything one needs to know. Where to sit, when to arrive, what to say for each type of play. I watch some games on Youtube, in links with the company's narration.

I even had some knowledge of soccer; I watched and played a lot during my childhood and adolescence. But I lost interest in the sport in mid-1996. Until then I was a fan of São Paulo FC, even going to the stadium, though rarely. Since I knew the rules and the basics, I thought I would be able to do the job.

The next week, I did a Skype training. I transmit the commands, Val repeats on the other side, giving me tips and correcting my mistakes. The critical information was the cards (red and yellow), goals, penalties, and corner kicks. There could be no delay, the information should be well understood by the operator and confirmed according to the referee's decision. The operator repeated all commands, as confirmation.

Listening back to your commands gives you a chance to correct errors or be corrected before information hits the market. Roger that. The important thing was to give the accurate information in real time, which could then be corrected according to the referee team (which holds the final word).

The procedure was similar for basketball and volleyball, but these sports are much simpler. In this case, only the points (and the time, in the case of basketball) mattered. A 02 points basket must be reported as two points, while 03 stands for triple. The sound here is critical, it is important not to mistake two and three. Either way, the score must go after (23 to 30, for example), giving chance to correct.

Some other sports would also be included in the gig, such as handball, footsal, and water polo, but they were in little demand. Only soccer had detailed coverage, the rest were just a matter of keeping the score and time updated.

After training, I received a call from the Singapore call center. Through Skype, I reported a Youtube game, and answered some questions about the procedures. Once passed the test, it was just accepting the proposals and going to the games. It is very hard to cover a game by TV because you cannot see the referees or the scoreboard. It is like walking blindfolded.

Not all games were near home, and many of them took place in expensive stadiums. The company did not reimburse any costs, so not all games were worth it. Offered by email, I took the ones closest to home, and also the cheapest ones. In this sense, volleyball and basketball were better, as all games were free (as was the under-20 soccer games). Besides, you didn't have to go through police frisking; it was a lot faster. Soccer games are held with police monitoring, which required a series of procedures. A lot of people have died at these events.

A big football game is always accompanied by a certain tension, many people in the streets, with a danger of fighting among supporters. Public transportation? Not to think about in these cases, packed to the lid. I avoided it whenever possible, especially after I went through reporting an entire match standing, with people screaming in my ear all the time.

Then I went to cover for other companies, where the procedures varied a little, but not too much. The information should be passed through a website, by cellphone. You could log in to the system through a browser and inform play after play. Voice calls still occurred during connection drops or for troubleshooting. In this case, the operator on the other side of the line monitored several games at the same time and only acted incidentally. I was directly connected with the market, which made the pressure higher. I also has reimbursement from the company, I even got a credential to work on the press sector.

There did not seem to be any order as to which championship would be covered. São Paulo Cup, first, second, third division, U19, U17 tournaments, etc... Brazilian championship,

Libertadores Cup. I have the feeling that games are booked in a double set. It is common to cover 02 games of the same team in a 02 week interval.

All subject to betting.

Payment

The form of payment was the same as that used by the betting market, with systems similar to Paypal (Neteller and Skrill). They sent me a Mastercard card, and I could cash out what was received in euros.

Taxes and fees were high until I discovered Transferwise. This system did not send money between countries but found a similar transaction in the other direction (real > euro) and offset both. It took a few days, but the rates were 10 times lower.

But later, the system turned out to be a mess. Late payments, card cancellations.

I thought I would be able to speculate in the foreign exchange market, waiting for the right moment to sell my euros. My mistake, I'm too poor for that. My bills arrive regularly every month in local currency, so I could never wait long to exchange my proceeds. As soon as I received them, I sold them at market prices and went out paying my bills.

Roger that.

No one pays for information without confirmation. Once the command was given by the Scout, the internet signal went back and forth to make sure it was received. This also avoided the possibility of repeated information as the records were synchronized (on my mobile phone and at the call center). Official sources were also very important in resolving disputes, especially as to final results.

We may think that the internet is fast, but the speed here is even more critical. From something like 1.5 seconds of delay, the system would close the game. This is also called status unsure, a command used in uncertain events or conflicting sources. The operator would call you to find out if any important events occurred (a goal, a corner, a card). If the call didn't show up, it was good to take down the time of the important plays and send to the operator as soon as possible. It was not possible to enter a past event in the log (record of events), reporters could only cancel it. One of the cell phones must be a chronometer, keeping track of the time.

The internet may look like, but it is not a continuous data stream. It sends information packets to the user, which can often take seconds to reach or leave your device. Normal use prevents us from seeing these connection interruptions, as we are still looking at the packet sent before. The internet is faster than the ability to absorb information, but too slow to connect in real time.

Real time is actually a sum of intervals. It is between the reporter's response to a particular play and the referee's final decision. Between waiting for confirmation and the reaction time of each person involved with the transmission of information. Real time is not immediate, but it is as close as possible.

An old story tells the following:

Three referees were sitting in a bar, talking useless bullshit. Until the subject of arbitration arose, and each of them felt obliged to state his method:

- I signal what it is...

The second referee kicked at close range:

- I signal what I see...

The third referee, seeing himself as the last word at that table, the supreme moral ruler, sent the verdict:

- The play doesn't exist until I signal it!

Moral: One is a referee, that who cares a rat's ass for reality. After all, this is what it means to be arbitrary.

This old joke is no longer valid; I lived to see the deployment of the video referee (I believe he would be the fourth referee in this conversation). In soccer we have the VAR (Video Assistant Referee), which consists of a lot of people inside a room watching several monitors broadcasting the game. The VAR head must give his decision to the field referee by radio communication, and the referee can accept the decision, reject it or stop everything to watch the video.

In volleyball, it is a little different, it looks more like poker. Each team has 02 challenges per set, and a big screen transmits the image with the play under dispute. The referee may be challenged in his final decision (point for A or for B), as well as any play in the game (net hit, two taps, etc.). If the team challenges right, the mistake is corrected, leaving 02 more challenges. Otherwise, it loses one and the decision is upheld.

In basketball, the decision is up to the referee. In Rio2016, one of the games ended, but was not over. At the last moment, a player made a basket, and the referee was in doubt whether it was valid or not, whether the ball had left her hand before the final siren. It was the decisive play. After a few minutes consulting the video, with my operator on the other end of the line almost wanting to kill me, the referee validated the play and gave the verdict. Valid point, we have a winner.

New moral of the story: Scouts have to watch the ball and report where it went (goal, corner, point). He should also see the referees on the pitch and their decisions (which are not always quick or clear, to the desperation of the betting market).

The news is that today we must wait for a voice from heaven to mess the whole fuck up. Reality? Fuck reality!

Finding games

Getting to the right place on time was critical. This may sound simple, but sources may differ, addresses may be wrong, people make mistakes. Official sources were also very important in finding the location of the games, but they were not entirely reliable, and I had to be checked for any last-minute changes.

All this is the Scout's responsibility, as well as the risk of error.

The first game I lost was in Diadema, near São Paulo. The federation changed the location at the last moment, and I could not find the information on the internet, and the cell phone did not help. I circled the city looking for stadiums, traveling on the edge of the road and of the car. The company called trying to get confirmation from me, and I was lost. I answered the final call and canceled the game 15 minutes before the start, I could never find the place of the game in time. I found out later that it had been transferred to a nearby township (Mauá).

The township São Bernardo do Campo has two soccer teams. On the same fateful day, they played two different games at different times and stadiums. The chance of error was 50%.

I remember noticing something strange on that day, mismatched information on the internet, but I decided to ignore it. I didn't confirm anything over the phone and left the house to cover the game. I wasted my time, obviously. When I arrived at the field, my boss had already texted me about my mistake, I left early at the beginning of the first half.

Only once did a house error occur. I was sent to a location with no cell phone signal. I got a wi-fi signal far from the field, enough to send an email canceling the game. I was paid to go touring in Jarinu, about 50 miles from São Paulo. Well, at least it was a nice winter day, sunny and cold.

Shoot the messenger

Before covering games, I was a text editor, so I never left the area of communication. The role in itself was more or less the same: pass information from A to B without losses or . blah blah blah: black on white. If A was an original or a fact to report, if B was a reader, another editor, or a bookie, well ... whatever.

People may think it's a subjective matter, but not for me. If I'm delivering something, it must work for its intended purpose. Uncertainty must be eliminated; the message must pass quickly; and in case of failure, be repeated. Until it works.

For this, there are protocols to be followed by both parties (sender and receiver). These protocols can be the most diverse, chosen by the parties to solve all kinds of confusion. A signal from the referee, a dictionary entry, a play confirmation procedure.

It does not matter whether the uncertainty is error, probability of error, or induction to it. It does not matter whether the noise is from the cell phone signal, system bug, or operator accent. Nothing can come between A and B. This is the job: making the subjective connection objective. How? I don't know, manage it! People are always complaining, nitpicking, pissing one off in the most different ways. Everyone knows that a good customer is a dead customer after the check is cashed.

Teamwork

However, even though it was an individual function, sometimes I got help from other people, such as supporters who were by my side, who sometimes confirmed plays. I also used to sit next to scouts from competing companies when I could find them. They weren't always within my reach, but they were easy to spot. They carried more than one cell phone and were always looking at the field or at one of the phones and making or receiving calls. Most were men in their early thirties.

The presence of someone else helped with security, and it often avoided the worst, when I was warned in time about a play I hadn't seen. The operator on the other end of the line also helped to pass information, but he could not see the game, or saw it with much delay. He could check other sources, but always with more delay and uncertainty than Uncle Paunch next to me.

Adriana, supported the Palmeiras team, and we even went to watch one of the games at Pacaembu Stadium. She was not really into it, she even slept during the match on that rainy day. But we went to several other games, she helped me to arrive at the venue, and to mark the events. She even corrected me when I mixed teams, a very common and very problematic mistake if it is not corrected in time.

One of these games was in a gymnasium, and the concrete bleachers had no lining at all. On a cold day, this can freeze you after a few hours, to the point of finishing the match standing up, just to avoid dealing with that. I learned to carry a cardboard in my backpack to solve this problem. Weather uncertainty was another problem: cold, sunny, rain? Solve this and pass the information on. The client is not interested in your difficulties and will not pay for them.

August 2016, Rio de Janeiro (Brazil). Summer Olympic Games

The weather in Rio was somewhat tense. On Avenida Brasil you could see armed soldiers everywhere, and army cars patrolling the streets. What I did not know was that it would put me in trouble.

Novo Rio Bus Station, 04h30 a.m. It's cold (16o C. I see on the thermometer before finally getting off the bus after 6 hours traveling). I wait for the VLT Tram, but it is late. I leave at 6:15 am, crossing the old port area of Rio de Janeiro. A ruined city, construction and debris everywhere. War zone.

I look to the left and spot a cruise ship, I think it's big. Then I see what looks like a building, a wall of windows and balconies on several floors.

It was a huge ocean liner.

I arrive in the city and go to my hostel at the Lapa district. The company would reimburse me for my stay, transportation, and tickets. More than 1000 euros were spent, there was a lot of money at stake. I borrowed money from my girlfriend and from my mother. I was tense, would cover 21 games of the first phase of women's basketball. If I could do everything, I would take home another 1000 euros.

I barely arrived and I was already running after a chip for my smartphone, because I would need a local number to receive calls. The mayor decreed a holiday in the city, everything was closed. I walked around until I could get the cell phones to work. The next day would be for real, nothing could go wrong. I was really anxious, and I made several mistakes. But finally, it worked, all OK for tomorrow.

The games would take place at Deodoro, a district of Rio de Janeiro, in an army base. Every day I would take the Central do Brasil train, got off at a station, and was frisked by the soldiers. I would walk about two miles on an avenue full of barracks and military homes, until reaching the stadiums. Frisked once more, went through the X-ray check, and then I could enter the arenas of grass polo, rugby, modern pentathlon. Basketball games would take place in the Youth Arena, which would later be partially dismantled to house fencing events.

The structure was impressive, all set up for the event. Total accessibility for people with disabilities, even an elevator has been mounted to cross over the train line. Bridges were built, toilets, resting places, big screens, live bands. A lot of things. It was really out of the ordinary. Swiss Class.

My concern was with the charge of my cell phones. I took along 04 of them, plus a camera to take pictures of the scoreboards (another requirement of the company). At one point, I squatted down next to a drinker to charge my cell phone in a socket close to the floor. When I turn my back, I'm approached by a National Guard soldier:

— Mister, what are you doing there?
— I'm charging my cellphone
— Oh, we thought you were setting a bomb. Suspicious attitude, you know the drill...
— Wow, my bad sir...
— Don't worry, you're from Sao Paulo, right? I am stationed in Guarulhos (a township of São Paulo), where are you from?
— The Capital city. In the Pinheiros district
— I know where it is. Go see the game, enjoy...
— Thanks, see you later

In another game, the mood of paranoia gets worse. I was reporting normally, when a woman interrupts me, asking what I was doing. I ignored her and told to stop disturbing me. She stands up, angry:

— WHAT ARE YOU DOING? ORGANIZATION ASKED TO REPORT ANY SUSPICIOUS ATTITUDE, THIS MAN DOESN'T

STOP SPEAKING IN ENGLISH ON THE MOBILE!

My blood boils, I control myself and I try to resolve the situation quickly. I tell the operator that the crowd is out of control, and I talk to the woman:

— Madam, I work with real time statistics, I'm reporting the game
— And why aren't you with the press?
— I could not get the press credential

The woman calms down and returns to her seat. My heartbeat goes down, I go back to reporting the game, in a very intense nervous mood. I found out later that I was not allowed to be there. The Olympics are theoretically noncommercial, so the committee does not like the betting market.

I used my free time in the city (Wonderful City?) to meet a longtime virtual friend. We used to attend an internet forum, where we exchanged ideas about everything, amid trolling that went from mild to stupid. We scheduled lunch downtown, where the old Rio Exchange was. From there I would take the VLT Tram to the bus station and would return home.

Bruno has a degree in philosophy and literature, but, not content with that, he decided to study economics, as well. He left the classroom and went from teacher to financial market professional. He decided to use the betting market to write a paper of the statistics discipline, and he explained me a little of its inner workings:

— During the game, odds vary. If a team suffers 04 goals, it is very unlikely to win, so bookmakers should offer bets that portray this new reality. Timing is crucial, as decisions must be made quickly, offering new bets for new scenarios. This market generates the demand for quick information; nobody cares to see the goal after a few seconds. I think the people highest interested in this speed are the bookies. At each event (a goal, a point, a card), the odds change, and new bets must be placed. Every second is important, and the shortest delay means less time to make these decisions. The delay seconds of conventional media (TV, radio) are fatal to the business.

— And how does the house make money?

— Bookmakers must offer bets that seem fair and attractive to bettors. At the same time, the total balance of the bets must be positive; profit must occur. The house always wins, and those who enforce this rule are the bookies. Or they will stop being bookies and become unemployed persons. In situations of great uncertainty, the house closes the market, avoiding new bets until the situation is resolved. Supporters invading the field, fighting among players, goal not confirmed, referees arguing, referees arguing with players, terrorist attack. Whatever. Until the game returns to normal, it is closed. This avoids losses for gambling houses, as the bookies make bets on similar events, not on dinosaurs invading the field and eating the goalkeeper.

— Have you ever bet?

— Yes. I wrote a statistics paper with that. I bet on long tail events, very unlikely. I made several such bets of low values. In the end, some events happened, events that paid a lot. I placed everything in an Excel table and handed the work to the professor.

— And the money? Did it show up?

— Yes, I made more than I spent. The expense was made on the credit card, and what I earned was deposited to my account. I stopped gambling because I was worried about money from the betting market appearing on my bank statement. I work with financial market compliance, so, I can't be associated with that, it's bad for business.

Manipulation or randomness?

I never bet anything, but through my procedures I could know how the market worked. Games were scheduled shortly in advance (a few days except some urgency or last-minute cancellation). There seemed to be a preference for smaller championships: second / third division, under-20, under-19, etc.

My boss once warned me of the possibility of manipulated games and showed me some sample videos. I saw goalkeepers scoring goals, and another one accepting. I should be aware of this, but I've never seen anything out of the ordinary. I saw games being played.

Besides being scheduled very shortly, there were a lot of games. One of the companies covered 10 games a day in Brazil, not counting other countries. This company did not cover all sports (only soccer and volleyball), which also put other companies in the information market, often covering the same events, always obeying customers' requests.

But bookies not open so many games, maybe it's some kind of draw, with information being thrown away to keep the system untainted. To manipulate it, it would be necessary to do this in several games with very little advance. It seems unlikely to me. Also, it is in the betting industry's interest to keep the game clean. Suspicions drive bettors away, who may prefer to play poker, or any other game. Market odds should be real, as should information. Real and fast.

The market also monitors what happens, looking for anomalies. If someone comes in betting a lot; if the game turns too fast... Then someone may get into trouble.

That also puts Scouts under permanent suspicion. At the slightest sign of manipulation, you could be cut off. Small pieces of information were confirmed with seemingly silly tests, the audio was checked to match the commands with the cheering of the crowd, often bordering on paranoia. On the other end of the line I heard, once, an operator having a fit, breaking under pressure, eager for every confirmation, as if his life were on the line.

That's why I've always followed my boss' rule: tell what happened and what you saw. If you try to cover up an error, you will lose.

Rumors told stories of bribery attempts, cash to delay events. There was always a scandal on TV involving a small team and an agent from Somewherestan. Real time, real information. Or scram.

Does the house always win?

Short answer: yes.

Long answer: Almost always.

At most, the house comes in for a draw. As in the betting market, risk avoidance is also common in the information market. The reporter will take the greatest risk and must protect himself from him. Mistakes may occur, but they must be fixed correctly, or penalties will apply.

It is also worth appealing to other spectators of the game, professional or not. It is even worth trying to get close to the referee or clerk, because once I was able to confirm a card with an assistant referee (which gave me an OK for a card in doubt, without even taking the eyes off the field).

If one eye should be on the ball, and the other on the referee, which eye will see the score? The clock? The assistant referee? The risk of error is quite large, basically covered by the reporter. Delays are penalized as well as information confirmed ahead of time.

The solution is to wait, confirm only after it is right, and trust what you have seen. The QA department report is there to show your mistakes, which are often evidenced by referees' videos and briefs. Reversing a decision is almost impossible, the margin for debate is minimal.

The house misses, but hardly misses in front of you. Incidentally the system crashed, the connection dropped. And you had to get around it all.

Something almost impossible to achieve was the bonus (tenth flawless game paid in triple). However, to achieve this, all procedures had to be done to the letter without any penalty whatsoever. If your head was down at the wrong time, if the referee draws the card and goes showing it several players, if a delay occurs... The reporter loses the bonus and is possibly punished (payment discount)

Palmeiras U20 X São Bento U20

The dawn was cold and wet (9o C), I am covering the Paulista U-20 championship. I prepare for this: thermal socks and long johns to stay about 03 hours outdoors. The game will be at 3 pm at the Palmeiras training center, on the edge of Trabalhadores Highway (I think it's called Ayrton Senna today).

I arrive early to the game, there is no stadium or arena, it is a training center. The strong wind increases the sensation of cold while the sun warms the body. I don't know what to feel.

I turn on the smartphones and enter the pre-game information. Bleachers occupation, wind and field conditions. A lawnmower wanders by the side of the field. This gives a typical cut grass smell. It's a little putrid, but it doesn't bother.

When I try to get in, a setback. They would not allow me. This always happens with this team; I don't even worry anymore. I know that, ultimately, I can see everything from the outside. The view is a little impaired by 02 fences covering the back of the field. It would be a shitty fucking job. The vision behind the goal is terrible, the feeling of depth is compromised, and it is not clear whether the team is in attack or not. It's complicated.

But, finally, they let me in. I write a few lines in my journal before going online. 2:51 pm, 09 minutes to start. Standby.

3:50 p.m. The referee blows his whistle by the end of the first half. I write down a few lines and talk to the agent next to me. He represents some players of the away team. The field empties and the players go to the locker room. Quiet game so far, no major complications.

3:59 p.m. Players begin to return to the pitch. The second half is about to start.

4:59 p.m. Game over, players retire and I'm going home too. Hopefully the information is correct, I had problems with the yellow card count. My count didn't match the system. The linesman referee confirmed the correct information, I passed it to the operator by voice. There was a confirmation problem, I hope not to be punished.

I'm cool...

When covering events, you should not start a self-doubt process, as it may never end, becoming a delusional paranoia. The previous move will be hammering in your head, making all subsequent moves difficult. Better pick something else, make sure and move on.

This can go beyond the game, into your life. A shadow present, even after the referee's whistle. Was that move right? When the connection dropped, could I make myself understood?

Mulling over the past may seem like a waste of time (and it is), but often the brain looks like a bugged computer in an eternal loop. It sucks...

Deadline. What deadline?

How long can a game last? Well, some sports have a roughly fixed time (soccer, handball, water polo). This time is subject to extensions, rest stops, but it is more or less the same. What can happen in this case are fights, which occur from time to time. Players fighting, fierce spirits, all this take some time to settle.

Basketball can be time consuming. If the teams come in with little slack at the 4th quarter, if they are in the mood to play, if it is a decisive match for some championship. The sky is the limit. When the foul limit has been exceeded, each new penalty becomes a free throw. As soon as the ball comes into play, with the timer rolling, someone signals a foul. Game stop. Free throw, rebound. Foul. Game stop. Free throw, rebound, foul. Every minute on the timer takes a long time to pass, it all comes down to a psychological battle. Nervousness, until someone gives in or some advantage is imposed.

Indecision can go all the way to the last throw, whether that pitch shot that turned the game around was valid or not. If the score is tied, get ready, because the tie break may take another hour of your time.

The longest match I covered lasted 3.30 hours, a volleyball game. There were 05 sets played to the very end, all over 25 points (in SESI-SP's gym). Time-outs, one after another, the ball hardly came into play. When the ball rolled, didn't fall to the ground, endless rallies. Request for time, discussion with the referee, faking accidents on both sides. Everything dragged on, every move was challenged, no team wanted to give in, everything turned into psychological warfare.

Until, after midnight, someone finished the match. I went home pretty tired, and I don't even remember who beat whom.

This was another constant: zero memory. I was so absorbed in the game that I couldn't even remember what had happened. Who played better? Who won? It is a kind of attention tunnel: the focus is on the play and on the transmission of information. Everything else disappears.

It was also hard to know the right time of the match. Time zones always confused me, I did not know whether I should subtract or add. And there is always the daylight savings time to mess more. One of the companies used CET (Central Europe Time, unknow by me till this day). The other used UTC (Greenwich time without daylight changes). All operated in Singapore with a huge time difference. Another mess to be solved by the Scout. Good side: one of the bosses lived in Canada, giving me some time advantage.

A good boss is one who lives on other country.

Fraud?

The betting market is engulfed in an eternal suspicion about its manipulation. If there was a weather events betting market, we would surely have guys making rain fall from planes to get their bet on rain inches in area A or B.

Maybe in the near future. This is my tip to bookies.

On this subject, the saddest story I know concerns an Italian cyclist involved in a scheme that has never been clarified to this day. Just like the fateful 1963 Dallas (US) incident, it arouses all sorts of conspiracy theories and speculations.

One of them obviously involves the sports betting market.

Marco Pantani was a born climber, incapable of feeling pain. In the same year, he won the Tour de France and Giro de Italia, two brutal competitions. At that time, doping scandals were at their height, and police were arresting athletes and doctors for possession of illegal substances. Athletes died asleep, doping exams were rigged.

Il Pirata (as he was known) was caught. He tested positive for EPO (a substance that increases the red blood cell rate) and was ruled out of the competitions. He abandoned everything and went into depression. His body was found in a hotel room sometime later; the death report pointed to cocaine overdose.

While some athletes were caught and expelled, others ran normally, there seemed to be no pattern behind it. Some people were covered up by authorities, they were able to run again, provided justifications for positive tests.

Rumors point to the betting market as responsible, but this event will never be known for sure. I bet on that.

Coda (crazy life)

I never stopped riding a bike, I've been riding since I was a kid. At 16, I started mountain biking and never stopped, I climbed every kind of mountain. I also played rugby and took it seriously; just stopped because I would have to go to the gym (I can't stand it).

These activities never made me anxious, and I always knew how to handle risk and pressure, even when riding with other people and being responsible for them. As your technical / physical level increases, you can take bigger steps without major problems. Of course, incidentally, you look back and see some mistakes that could have cost you your life, incidentally you flinch at a cliff, but overall it's no big deal. I even got to the point of doing routes by myself, which is not recommended. I do it gladly.

However, the same did not happen in my work as a Scout. Anxiety over risk got me heavy, and it was brutal. I was afraid of being cut off, when the game was over I thought I had lost something; I went after information to confirm. Sheer waste of time because the ref had already whistled, and the information had been transmitted (right or wrong). Before the game I could not even think straight, I left home more than 03 hours in advance and only got quieter when entering the stadium. Nerves returned as soon as the referee blew his whistle, and each disconnect was reason for tachycardia.

Insomnia, paranoia. Wasting time checking each information piece, only to notice that the next was already coming. Or worse: it had passed like a speeding train across the platform.

Living in constant alertness is very exhausting, each week becomes an entire year, this gig consumes you. Depression is a way to fight anxiety: if I do nothing, I have no consequences to deal with. But it's a shit solution, obviously.

It took a long time to go away; making money was always a concern for me. If the money was on the table, things changed, tension emerged.

And it stayed there until after the final whistle. Don't even ask me why.

A table is a table, nobody hides on it.

How / when / where it all gone away, I don't know. Maybe I got used to it, I don't know. Today I can take it, no problems, I spend my nerves with other concerns.

And sounds the referee's final whistle…

Ned Ludd

Scout — por trás do jogo

Inverno 2019

"Those who tell the truth shall die
Those who tell the truth shall live forever"
EitS

Scout é o mesmo que olheiro, é uma pessoa paga para estar presente e acompanhar um evento esportivo e coletar informação. Ele não busca medir a performance de um jogador ou time, sua função é cobrir o jogo em tempo real. Mais rápido que TV ou rádio, fornece a informação segundo a segundo ao mercado.

Quem compra a informação ganha com ela: é o primeiro a saber do lance e pode tomar a decisão mais rápida no mercado de live betting, ou apostas em tempo real.

Este livro é o relato de um Scout em um mercado tão recente. Em pouco mais de 200 jogos ao longo de 04 anos, a informação apresentada aqui pretende explicar um pouco do funcionamento da atividade.

Fevereiro de 2016, Diadema (Brasil). Estádio Distrital do Inamar

— Olá, Ned, aqui é John da RT. Você vai cobrir um jogo para nós hoje, certo?
— Sim, eu confirmo
— Você pode me dizer o home team (time da casa) e away team (visitante)?
— Time da casa é Agua Santa, visitante é Capivariano
— Ok. Time da casa Agua Santa, visitante Capivariano. Quanto tempo para o início?
— 55 minutos
— OK, ligarei em 30 minutos. Até...
— Até!

Eu desligo o telefone, e começo a lavar minhas mãos. Estava no banheiro do estádio, preparando-me para cobrir mais uma partida para a RT, meu empregador. A partida ia começar em breve e eu não teria outra chance para de me aliviar.

Um cara vira para mim e me pergunta:

— Meu nome é Pablo. Você também é Scout?
— Ah, é assim que chama isso que eu faço?
Scout? Sim, eu sou. Meu nome é Ned
— Eu trabalho para a Sports, e você?
— RT
— Legal, conheço um cara que trabalha para eles. Vamos ver o jogo juntos, aí a gente se ajuda. Beleza?
— Beleza

Saímos do banheiro e subimos para a arquibancada. O estádio do Inamar está no topo de um morro, na beira da cidade. De um lado a rodovia dos Imigrantes, do outro pode-se ver até a represa Billings. O vento soprava forte, e o sol não dava alívio.

Procuramos um lugar na sombra, longe dos fãs mais fanáticos, já armados com bandeiras e toda uma bateria de escola de samba. O jogo ia começar em breve, e o estádio ficava cada vez mais cheio.

Até aquele momento eu não entendia exatamente o que eu fazia. Ia para os jogos que me eram oferecidos por e-mail com dois celulares, e recebia uma ligação de Cingapura. Seguindo uma série de comandos, dava uma cobertura em tempo real do que ocorria na partida. Sempre lidando com péssimas ligações que caiam o tempo todo, e um inglês quase incompreensível do outro lado da linha, que repetia tudo o que eu falava para confirmar.

Eu sabia que a informação ia para o mercado de apostas, mas nem sabia o nome da atividade que praticava. Na verdade eu nem precisava saber, fazia o meu trabalho e era pago de acordo. Sem perguntas.

O meu celular #02 toca:

— Olá Ned, aqui é John da RT. Você está dentro do estádio?
— Sim, confirmo
— Pode me dizer o time da casa e o visitante?
— Time da casa Agua Santa, visitante Capivariano
— Ok. Time da casa Agua Santa, visitante Capivariano. Quanto tempo para o início?

— 25 minutos

— OK, te ligo em 10 minutos. Até...

Pablo começou a explicar um pouco do que se tratava a atividade. Eu sabia que a bola podia estar em safe (posse da defesa), attack (meio de campo) ou danger (perto ou dentro da grande área). Cada um desses comandos era antecedido com o time em posse da bola (casa ou visitante). Home attack virava home danger conforme o time progredia, podendo virar um home goal ou away safe, por exemplo.

As zonas do campo não eram exatas. Assim como tudo, dependiam de interpretação. A bola só estava com a defesa se ela tinha domínio sobre ela. Em caso de disputa de bola na área, ela sempre está em perigo, independente do jogador que está na jogada.

— Existem dois mercados de aposta. O mercado tradicional fecha quando o jogo começa: quem apostou, apostou. A partir do momento em que o juiz apita, outro mercado se abre, um mercado que funciona durante o jogo e que flutua de acordo com os acontecimentos. Quando a bola está em danger, o mercado pode fechar, novas apostas não vão ser vendidas. O risco é muito grande, e os bookmakers param de fazer apostas para gol e escanteios. Por isso que o gol e o escanteio devem ser sempre precedidos por um comando de danger. Cada um desses eventos possui um mercado próprio. Quando a situação é resolvida, o mercado abre de novo para novas apostas. Por isso só se coloca safe quando a bola realmente está fora de perigo. Não só devemos dizer o que ocorre, mas também tentar ver um pouco além, e informar o quanto antes.

— Mas por que eles não usam a TV, rádio, ou outras fontes de informação?

— Por causa do atraso. A demora está na geração, transmissão e recepção do sinal. Essas fontes têm atrasos de alguns segundos, e cada segundo conta no mercado. Eles monitoram também pela TV para conferir os lances, assim como as fontes de empresas concorrentes. A confirmação de um evento pode demorar, mas ele deve ser marcado em tempo real. Cada segundo é crítico, e pode fazer a diferença entre ganhar ou perder milhões.

Eu recebo a ligação final da RT e, a partir de agora, estarei o tempo todo reportando, até o apito do final do primeiro tempo. Informo a cor da camisa dos times, a condição do campo e do tempo (vento e nebulosidade), assim como a lotação do estádio. As condições do jogo fazem parte dele e tudo que interfere no jogo interessa ao mercado.

Creio que a informação pode ser utilizada para outros fins. Times se interessam por dados para a tomada de decisão. Posse de bola, chutes ao gol, essas coisas. Mas vejo isso como uma clientela secundária, assim como o Google, que também oferece informação em tempo real.
 Todos se levantam para ouvir o hino nacional, no campo só restam os jogadores e o trio de arbitragem. A moeda é lançada, o time da casa escolhe a bola. Jogadores em posição, o juiz se prepara para apitar.

—Em posição para o início, pontapé do time da casa

— Em posição para o início, pontapé do time da casa
— Foi dada a partida
— Foi dada a partida
— Ataque do time da casa

A partir daquele dia eu entendi o que fazia. Até aquele momento eu estava operando às cegas, respondendo comandos como um rato.

Setembro de 2015. São Paulo (Brasil)

Abro o jornal, em mais uma tentativa quase inútil de arrumar um emprego. Quem oferece emprego por anúncio no jornal hoje em dia? Dou de cara com um pequeno anúncio, que me chama a atenção por ser redigido em inglês.

Precisamos de repórteres para narrar futebol.
Obrigatório inglês fluente.
val@rt.com

Mando um e-mail, sou prontamente respondido. Val me passa o manual, um arquivo em PDF com todos os procedimentos da empresa. Leio uma vez, e outra no dia seguinte. O manual continha tudo o que era preciso saber: onde se sentar, quando chegar, o que falar para cada tipo de jogada. Assisto alguns jogos no Youtube, em links com a narração da empresa.

Eu até tinha alguns conhecimentos de futebol, assisti e joguei muito futebol durante minha infância e adolescência. Mas, perdi o interesse no esporte em meados de 1996. Até então eu torcia para o São Paulo FC, até mesmo indo ao estádio ainda que raramente. Como eu sabia as regras e o básico, achei que seria capaz de fazer o serviço.

Na semana seguinte, faço um treinamento pelo Skype. Dou os comandos, Val repete do outro lado, me dando dicas e corrigindo meus erros. As informações críticas eram os cartões (vermelho e amarelo), gol, pênalti e escanteio. Não podia ocorrer atraso, a informação deveria ser bem compreendida pelo operador, e confirmada de acordo com a decisão do juiz. O operador repetia todos os comandos, como forma de confirmação.

Ouvir de volta seus comandos dá a chance de corrigir erros ou ser corrigido antes da informação chegar ao mercado. Roger that. O importante era dar a informação precisa em tempo real, que depois poderia ser corrigida de acordo com a arbitragem (que detém a palavra final).

O procedimento era parecido para o basquete e o vôlei, mas esses esportes são bem mais simples. Nesse caso só interessavam os pontos (e o tempo, no caso do basquete). Uma cesta de dois pontos deve ser reportada como two points, enquanto 03 é triple. O som nesse caso é diferente, é importante não confundir two com three. De qualquer modo o placar deve ser dito depois (23 to 30, por exemplo), dando às partes a chance de correção.

Alguns outros esportes também entrariam no trabalho, tais como handball, futsal e polo aquático, mas eram bem pouco demandados. Somente o futebol contava com uma cobertura detalhada, os demais se resumiam a manter o placar e o tempo atualizados.

Depois do treinamento, recebia uma ligação do call center em Cingapura. Pelo Skype, narrava um jogo do Youtube, respondia a algumas perguntas sobre os procedimentos. Uma vez aprovado no teste, era só aceitar as propostas e ir para os jogos. É muito difícil cobrir jogo pela TV pois não é possível ver a arbitragem: é como andar de olhos vendados.

Nem todos os jogos eram próximos à minha casa, e muitos deles ocorriam em estádios caros. A empresa não reembolsava nenhum custo, de modo que nem todos os jogos valiam a pena. Oferecidos por e-mail, eu pegava os mais próximos da minha casa, e os mais baratos também. Nesse sentido, vôlei e basquete eram melhores, pois todos os jogos eram de graça (assim como o futebol sub-20). Além disso não era preciso passar por revista da polícia, era tudo bem mais fácil. Jogos de futebol são realizados com o acompanhamento da polícia, o que exigia uma série de procedimentos. Muita gente já morreu nesses eventos.

Jogo grande de futebol sempre é acompanhado de uma certa tensão, muita gente na rua, com o perigo de ocorrer brigas. Transporte público nem pensar nesses casos, ficava lotado até a tampa. Eu evitava sempre que possível, principalmente depois que me coloquei na posição de fazer um jogo inteiro em pé com gente gritando na minha orelha o tempo todo.

Depois passei a cobrir para outras empresas, onde os procedimentos variavam um pouco, mas não muito. A informação devia ser passada por um site, pelo celular. No navegador era possível logar-se ao sistema e ir informando lance a lance. Ligações por voz ainda ocorriam durante quedas de conexão ou para tirar dúvidas. Nesse caso o operador do outro lado monitorava vários jogos ao mesmo tempo e só entrava em ação pontualmente. Eu estava ligado direto com o mercado, o que tornava a pressão maior. Também passei a ser reembolsado pelos meus custos, e até obtive uma credencial para poder trabalhar na área da imprensa.

Não parecia existir nenhuma ordem no sentido de qual campeonato seria coberto. Copa paulista, paulista de primeira, segunda, terceira divisão. Torneio sub-19, sub-17. Campeonato brasileiro, copa libertadores. Tenho a sensação que jogos são marcados em pares, pois é comum cobrir dois jogos do mesmo time em um intervalo de 02 semanas.

Tudo sujeito a apostas.

Pagamento

A forma de pagamento era a mesma utilizada pelo mercado de apostas, com sistemas similares ao Paypal (Neteller e Skrill). Eles enviavam um cartão Mastercard para sua casa, e era possível sacar em real o que se recebia em euros.

As taxas e impostos eram altos, até que descobri a Transferwise. Esse sistema não mandava o dinheiro entre países, encontrava uma transação parecida no outro sentido (real > euro), e liquidava as duas. Demorava alguns dias, mas as taxas eram 10 vezes menores.

O sistema se mostrou uma bagunça depois. Atrasos de pagamento, cancelamento de cartão.

Eu achava que seria capaz de especular no mercado de câmbio, esperando o momento certo para vender meus euros. Engano meu, sou pobre demais para isso. As contas chegam todo mês em moeda local, então nunca consegui esperar muito para trocar a moeda. Quando recebia, comprava a preço de mercado e saía pagando meus boletos.

Roger that

Ninguém paga por informação sem confirmação. Uma vez que o comando era dado pelo Scout, o sinal da internet ia e voltava, para ter certeza que foi recebido. Isso evitava também a possibilidade de informação repetida, uma vez que os registros eram sincronizados (no meu celular e na central). As fontes oficiais também eram muito importantes para resolver disputas diversas, principalmente quanto aos resultados finais.

Podemos achar que a internet é rápida, mas a velocidade aqui é ainda mais crítica. A partir de algo como 1,5 segundos de atraso o sistema travava e o jogo fechava. Também chamado de status unsure, era um comando disparado sempre em situações de incerteza ou discrepância de fontes. Nesse caso o operador te chamava para saber se algum evento importante ocorreu (goal, corner, card). Se a ligação não aparecia, era bom anotar o tempo dos lances importantes, e passar para o operador assim que possível. Não era possível inserir um evento passado no log (registro de eventos), os repórteres só podiam cancelar. Um dos celulares deve estar sempre funcionando como cronômetro para essas eventualidades.

A internet pode parecer, mas não é um fluxo contínuo de dados. Ela manda pacotes de informação para o usuário, que muitas vezes podem demorar segundos para chegar ou sair do seu dispositivo. O uso normal impede visualizar essas interrupções de conexão, uma vez que ainda estamos olhando o pacote mandado antes. A internet é mais rápida que a capacidade de absorver informação, mas lenta demais para conectar em tempo real.

O tempo real é na verdade uma soma de intervalos. Está entre a resposta do repórter a um lance particular e a decisão final do juiz. Entre o aguardo pela confirmação e o tempo de reação de cada pessoa envolvida com a transmissão da informação. Tempo real não é imediato, mas é o mais próximo possível disso.

Conta a antiga história o seguinte:

Três juízes estavam sentados em um bar, falando besteiras inúteis. Até que o assunto arbitragem surgiu, e cada um deles se sentiu no dever de expor seu método:

— Eu marco o que é...

O segundo juiz chutou a queima-roupa:

— Eu marco o que vejo...

O terceiro juiz, se vendo na condição de última palavra naquela mesa, régua moral suprema, mandou o veredito:

— A jogada não existe até que eu a marque!

Moral: só é árbitro quem está pouco se importando para a realidade. Afinal das contas, isso é o que significa ser arbitrário.

Essa velha piada não vale mais, eu vivi a implantação do árbitro de vídeo (creio que ele seria o quarto juiz nessa conversa). No futebol temos o VAR (Video Assistant Referee), que consiste em um monte de gente dentro de uma sala vendo diversos monitores transmitindo o jogo. O chefe do VAR deve dar sua decisão ao juiz em campo por radiocomunicação. O juiz pode aceitar a decisão, rejeitar ou parar tudo para ver o vídeo.

Em vôlei é um pouco diferente, mais parece um poker. Cada equipe tem 02 desafios por set, e um telão transmite a imagem com o lance em disputa. O juiz pode ser desafiado na sua decisão final (ponto para A ou B), assim como em um lance qualquer do jogo (toque na rede, dois toques, etc.). Se a equipe desafiar certo, o erro é corrigido, restando ainda mais 02 desafios. Caso contrário perde um deles e a decisão é mantida.

No basquete a decisão fica a cargo do juiz. Na Rio2016, um dos jogos terminou, mas não acabou. No último momento uma jogadora fez uma cesta, e o juiz ficou na dúvida se ela foi válida ou não, se a bola tinha saído da mão dela antes da sirene final. Era a bola do jogo. Depois de alguns minutos de consulta ao vídeo, com o operador do outro lado da linha quase querendo me matar, o juiz validou o lance e deu o veredito. Ponto válido, temos um vencedor.

Nova moral da história: o Scout tem que observar a bola e relatar onde ela foi (gol, escanteio, ponto). Também deve ver os juízes em campo e suas decisões (que nem sempre são rápidas ou claras, para o desespero do mercado de apostas).

A novidade é que hoje devemos esperar uma voz dos céus para bagunçar a porra toda. A realidade? A realidade que se foda!

Achando jogos

Era fundamental chegar a tempo no local certo. Isso pode parecer simples, mas fontes podem divergir, endereços podem estar errados, pessoas se enganam. As fontes oficiais também eram muito importantes para achar o local dos jogos, mas não eram totalmente confiáveis, e tinham que ser checadas sempre por alguma alteração de última hora.

A responsabilidade disso tudo era do Scout, assim como o risco de erro.

O primeiro jogo perdido foi em Diadema. A federação mudou o local no último momento e eu não consegui achar a informação na internet, o celular não colaborava. Rodei a cidade atrás de estádios, andando no limite da via e do carro. A empresa ligava tentando obter confirmação minha, e eu andava ao léu. Atendi a ligação final e cancelei o jogo 15 minutos antes do início, nunca consegui achar a tempo o local do jogo. Descobri depois que ele foi transferido para uma cidade ao lado (Mauá).

A cidade de São Bernardo do Campo tem dois times de futebol. No mesmo fatídico dia eles jogaram dois jogos diferentes, em horários e estádios diferentes. A chance de erro era de 50%.

Eu me lembro de notar algo estranho no dia, informações desencontradas na internet, mas decidi ignorar. Não confirmei nada pelo telefone e saí de casa para cobrir o jogo. Perdi meu tempo, obviamente. Quando cheguei ao campo, meu chefe já tinha me mandado mensagem sobre meu erro, fui embora no início do primeiro tempo.

Uma única vez ocorreu um erro da casa: fui mandado para um local sem sinal de celular. Consegui um sinal de wi-fi longe do campo, suficiente para mandar um e-mail cancelando o jogo. Fui pago para passear até Jarinu. Bom, pelo menos era um agradável dia de inverno, ensolarado e frio.

Atire no mensageiro

Antes de cobrir jogos eu era editor de texto, então eu nunca saí da área de comunicação. A função em si era mais ou menos a mesma: passar informação de A para B. Sem perdas ou blábláblá: preto no branco. Se A era um original ou um fato a ser reportado, se B era um leitor, outro editor ou um bookie, bom... tanto faz.

Pessoas podem pensar que é uma questão subjetiva, mas não para mim. Se estou entregando algo, essa coisa deve funcionar para o propósito projetado. A incerteza deve ser eliminada, a mensagem deve passar rapidamente e, em caso de falha, repetida. Até que funcione.

Para isso existem protocolos seguidos por ambas as partes (emissor e receptor). Esses protocolos podem ser os mais diversos, escolhidos entre as partes para resolver todo tipo de confusão. Um sinal do juiz, um verbete de dicionário, um procedimento de confirmação de lance.

Tanto faz se a incerteza é erro, probabilidade de erro ou indução a ele. Tanto faz se o ruído é do sinal do celular, bug do sistema ou sotaque do operador. Nada pode se colocar entre A e B. Esse é o trabalho: tornar objetiva a conexão subjetiva. Como? Sei lá, se vira. Pessoas estão sempre reclamando, procurando pelo em ovo, enchendo o saco das maneiras mais diversas. Todo mundo sabe que cliente bom é cliente morto com o cheque descontado.

Trabalho em equipe

Mesmo sendo uma função individual, às vezes eu contava com a ajuda de outras pessoas, tal como torcedores que estavam ao meu lado, que me confirmavam lances. Também tentava sentar-me ao lado de Scouts de empresas concorrentes, quando conseguia achar eles. Nem sempre estavam ao meu alcance, mas era fácil identificar eles. Carregavam mais de um celular e estavam sempre olhando para o campo ou para um deles, ou ainda recebendo ligações. A maioria era homem, com 30 e poucos anos.

A presença de outra pessoa ajudava a dar segurança, e muitas vezes evitou o pior, quando fui avisado a tempo de algum lance que não vi. O operador do outro lado da linha também ajudava a passar a informação, mas ele não conseguia ver o jogo, ou via com muito atraso. Ele podia verificar outras fontes, mas sempre com mais atraso e incerteza do que o tio pança do meu lado.

A Adriana torcia para o time do Palmeiras, até fomos em um dos jogos no Pacaembu. Ela não era interessada, chegou a dormir durante a partida naquele dia chuvoso. Mas fomos em vários outros jogos, ela me ajudava a chegar e a marcar os eventos. Chegou a me corrigir quando troquei os times, um erro muito comum e bem problemático se não for corrigido a tempo.

Um desses jogos foi em um ginásio e as arquibancadas de concreto não tinham nenhum tipo de revestimento. Em um dia frio isso pode te congelar após algumas horas, ao ponto de terminar a partida de pé, só para não ter que lidar com isso. Aprendi a levar um papelão na mochila para resolver esse problema. Incerteza climática era outro problema: frio, sol, chuva. Resolva isso e passe a informação, o cliente não está interessado nas suas dificuldades e não vai pagar por elas.

Agosto de 2016, Rio de Janeiro (Brasil). Olimpíadas de verão

O clima no Rio era um tanto quanto tenso. Pela avenida Brasil era possível ver soldados armados por todo o lado, carros do exército nas ruas. Mal sabia eu que isso ainda ia dar merda para o meu lado.

Rodoviária Novo Rio, 04h30. Faz frio (16º C eu vejo antes de finalmente sair do ônibus depois de 6hs de viagem). Espero pelo VLT, ele atrasa. Parto 06h15, percorrendo a antiga zona portuária do Rio. Cidade em ruínas, obras e cacos para todos os lados.

Olho para o lado esquerdo e avisto um navio de cruzeiro, acho grande. Depois vejo o que parece ser um prédio, uma parede de janelas e sacadas de vários andares.

Era um enorme transatlântico.

Chego na cidade e vou para o hostel na Lapa. A empresa ia me reembolsar pela estadia, transporte e ingressos. Foram mais de 1000 euros gastos, tinha muito dinheiro em jogo. Peguei dinheiro emprestado com minha companheira e minha mãe. Eu estava tenso, cobriria 21 jogos da primeira fase do basquete feminino. Se conseguisse fazer tudo, levaria para casa outros 1000 euros.

Mal cheguei e já saí correndo atrás de chip para o celular, pois precisava de um número local para receber ligações. O prefeito decretou feriado na cidade, tudo estava fechado. Dei uma volta até conseguir colocar os celulares para funcionar. O dia seguinte já seria para valer, nada podia dar errado. Fiquei muito ansioso,

cometi vários erros. Mas deu certo, tudo OK
para amanhã.

Os jogos aconteceriam em Deodoro, uma base
do exército. Todo dia eu pegava o trem na
central do Brasil, descia em uma estação, e
passava por uma revista. Andava cerca de 02 km
em uma avenida cheia de quartéis e casas de
militares, até chegar nos estádios. Era revistado
novamente, passava pelo raio-X, e aí podia
entrar nas arenas de polo de grama, rugby,
pentatlo moderno. Os jogos de basquete
aconteceriam na arena da juventude, que depois
seria parcialmente desmontada para abrigar
provas de esgrima.

A estrutura era impressionante, tudo montado
para o evento. Acessibilidade total para pessoas
com deficiência, até um elevador foi montado
para transpor a linha do trem. Pontes foram
erguidas, banheiros, locais de descanso, telão,
bandas ao vivo. Um monte de coisa, era
realmente fora do comum. Padrão Suíço.

O meu medo era com a carga dos celulares. Levei 04, além de uma câmera para tirar foto dos placares (outra exigência da empresa). Em determinado momento, me agachei perto de um bebedor para carregar meu celular em uma tomada rente ao chão. Quando viro de costas, sou abordado por um guarda da guarda nacional:

— Senhor, o que você faz aí?
— Estou carregando meu celular
— A gente tava pensando que você armava uma bomba. Atitude suspeita, sabe como é...
— Caramba, foi mal ae...
— Tranquilo, você é de São Paulo, certo? Eu sirvo lá em Guarulhos, você é de onde?
— Capital. Pinheiros
— Sei onde é. Vai lá ver o jogo, aproveita
— Valeu, até mais

Em outro jogo, o clima de paranoia fica pior. Eu estava reportando normalmente, quando uma mulher me interrompe, perguntando o que eu fazia. Eu ignorei ela, e mandei ela parar de me perturbar. Ela se levanta, consternada:

— O QUE VOCÊ ESTÁ FAZENDO? A ORGANIZAÇÃO PEDIU PARA REPORTAR ATITUDE SUSPEITA, ESSE HOMEM NÃO PARA DE FALAR EM INGLÊS NO CELULAR!

O meu sangue ferve, eu me controlo e tento resolver a situação rapidamente. Eu digo ao operador que a torcida está fora de controle, e passo a falar com a mulher:

— Senhora, eu trabalho com estatística em tempo real, estou reportando o jogo
— E por que não está com a imprensa?
— Não consegui a credencial

A mulher se acalma, volta ao seu lugar. O meu batimento cardíaco abaixa, eu volto a narrar o jogo, em um estado de nervos muito intenso. Descobri depois que eu não podia estar ali. A olimpíada tem caráter não comercial, o comitê não gosta do mercado de aposta.

Aproveitei o meu tempo livre na cidade (maravilhosa?) para encontrar um amigo virtual de longa data. Participávamos de um fórum na internet, onde trocávamos ideias sobre tudo, em meio a trollagens que iam de leve até estúpidas. Marquei um almoço no centro, onde ficava a antiga bolsa do Rio. De lá pegaria o VLT até a rodoviária e voltaria para a minha casa.

Bruno é formado em filosofia e letras, mas, não contente com isso, decidiu fazer economia também. Saiu da sala de aula e foi de professor a profissional do mercado financeiro. Ele decidiu usar o mercado de apostas para fazer um trabalho da disciplina de estatística, e me explicou um pouco do seu funcionamento:

— Durante o jogo, as probabilidades variam. Se um time toma 04 gols, é muito improvável que ganhe, de modo que os bookmakers devem oferecer apostas que retratem essa nova realidade. O tempo é crucial, pois decisões devem ser tomadas rapidamente, oferecendo novas apostas para novos cenários. Esse mercado gera a demanda por informação rápida, ninguém liga em ver o gol depois de alguns segundos. Creio que os maiores interessados nessa velocidade são os bookies. A cada evento (gol, ponto, cartão), as probabilidades mudam, e novas apostas devem ser feitas. Cada segundo é importante nesse momento, e o menor atraso significa menos tempo para tomar essas decisões. Os segundos de atraso das mídias convencionais (TV, rádio) são fatais para o negócio.

— E como a casa ganha dinheiro?

— Os bookmakers têm que oferecer apostas que pareçam justas e atrativas para os apostadores. Ao mesmo tempo, o saldo total das apostas tem que ser positivo, deve ocorrer lucro. A casa ganha sempre, e quem faz valer essa regra são os bookies. Ou deixam de ser bookies e passam a ser desempregados. Em situações de muita incerteza a casa fecha o mercado, impedindo novas apostas até que se resolva a situação. Torcida invadindo, briga entre jogadores, gol que não é confirmado, juízes discutindo, juízes discutindo com jogadores, ataque terrorista. O que for. Até que o jogo volte ao normal, ele está fechado. Isso evita prejuízo das casas de aposta, uma vez que os bookies criam apostas sobre eventos prováveis, e não sobre dinossauros invadindo o campo e comendo o goleiro

— Você já jogou?

— Sim. Fiz um trabalho de estatística com isso. Apostei nos eventos de cauda longa, muito improváveis. Fiz várias apostas desse tipo, com valores baixos. No final, alguns eventos aconteceram, eventos que pagavam muito. Coloquei tudo numa tabela de Excel e entreguei o trabalho para o professor

— E a grana? Apareceu?

— Sim, eu ganhei mais do que gastei. O gasto foi feito no cartão de crédito, e o que eu ganhei foi depositado na minha conta. Parei de jogar, pois fiquei preocupado em aparecer dinheiro do mercado de apostas no extrato de banco. Eu trabalho com regulação no mercado financeiro, não posso me associar com isso, é sujeira.

Manipulação ou aleatoriedade?

Nunca apostei nada, mas pelos meus procedimentos eu conseguia saber como o mercado funcionava. Os jogos eram marcados com pouca antecedência (alguns dias, exceto alguma urgência ou cancelamento de última hora). Parecia existir uma preferência por campeonatos menores: segunda / terceira divisão, sub-20, sub-19, etc.

Uma vez meu chefe me alertou para a possibilidade de jogos manipulados, e me mostrou alguns vídeos de exemplo. Eu vi goleiro fazendo gol, e o outro aceitando. Eu deveria estar atento para isso, mas nunca vi nada fora do normal. Vi jogos sendo jogados.

Além de serem marcados em cima da hora, eram muitos jogos. Uma das empresas cobria 10 jogos por dia só no Brasil, sem contar outros países. Essa empresa não cobria todos os esportes (somente futebol e vôlei), o que também colocava outras empresas no mercado de informação, muitas vezes cobrindo os mesmos eventos, sempre obedecendo aos pedidos dos clientes.

Mas os bookies não abrem tantos jogos assim, talvez seja algum tipo de sorteio, com informação sendo jogada fora para manter o sistema não viciado. Para manipular ele, seria necessário fazer isso em vários jogos, com uma antecedência muito pequena. Me parece pouco provável. Além disso, é interesse da indústria de apostas manter o jogo limpo. Suspeitas afastam jogadores, que podem preferir jogar em poker, ou qualquer outro jogo. As probabilidades do mercado devem ser reais, assim como a informação. Reais e rápidas.

O mercado também monitora o que ocorre, procurando anomalias. Se alguém entra apostando muito, se o jogo vira muito rápido... Aí a casa pode cair para alguém.

Isso também coloca os *Scouts* sob permanente suspeita. Ao menor sinal de manipulação, você poderia ser cortado. Informações pequenas eram confirmadas como testes aparentemente bobos, o áudio era verificado para bater os comandos com os gritos da torcida, muitas vezes beirando a paranoia. Do outro lado da linha já ouvi operador tendo um treco, quebrando sob a pressão, ansioso por cada confirmação, como se sua vida estivesse por um fio.

Por isso sempre segui a regra da minha chefe: fale o que aconteceu e o que você viu. Se tentar acobertar erro, você vai perder.

Boatos contavam histórias de tentativas de subornos, dinheiro em cash para atrasar eventos. Na TV sempre aparecia algum escândalo envolvendo um time pequeno e um empresário do Seilaquistão. Tempo real, informação real. Ou caia fora.

A casa ganha sempre?

Resposta curta: sim.

Resposta longa: quase sempre.

No máximo a casa entra para empatar. Assim como no mercado de apostas, evitar o risco também é comum no mercado de informação. O repórter vai correr o maior risco, e deve se proteger dele. Erros podem ocorrer, mas devem ser corrigidos da maneira correta, ou penalidades são aplicadas.

Também vale apelar para os outros espectadores do jogo, profissionais ou não. Até vale tentar chegar perto do juiz ou mesário, pois uma vez consegui confirmar um cartão com um bandeirinha (que me deu um OK para um cartão em dúvida, sem nem tirar os olhos do campo).

Se um olho deve estar na bola e outro no juiz, qual olho vai ver o placar? O relógio? O bandeirinha? O risco de erro é bem grande, basicamente coberto pelo repórter. Atrasos são penalizados, assim como informação confirmada antes da hora.

A solução é esperar, confirmar somente depois de certo, e confiar no que você viu. O relatório do departamento de controle de qualidade está aí para mostrar seus erros, que geralmente são evidenciados por vídeos e súmulas dos juízes. Reverter uma decisão é quase impossível, a margem de debate é mínima.

A casa erra, mas dificilmente erra na sua frente. Eventualmente o sistema dava pane, a ligação caía. E você tinha que contornar tudo isso.

Uma coisa quase impossível de conseguir era o bônus (décimo jogo sem falhas pago em triplo). Mas para conseguir isso era preciso fazer todos os procedimentos à risca, sem nenhuma penalidade. Se a sua cabeça estiver abaixada na hora errada, se o juiz sacar o cartão e sair distribuindo no meio de vários jogadores, se atraso ocorrer... O repórter perde o bônus e possivelmente é punido (desconto no pagamento).

Palmeiras U20 X São Bento U20

Amanheceu frio e úmido (9ºC), vou cobrir o campeonato paulista sub-20. Me preparo para isso: meias térmicas e ceroulas para ficar umas 03 horas ao ar livre. O jogo vai ser 15hs no centro de treinamento do Palmeiras, na beira da Rodovia dos Trabalhadores (creio que se chama Ayrton Senna hoje em dia).

Chego cedo ao local, não há estádio ou arena, é um centro de treinamento. O vento do descampado aumenta a sensação de frio enquanto o sol esquenta o corpo. Não sei o que sentir.

Ligo os celulares e insiro a informação pré-jogo. Lotação das arquibancadas, condições de vento e gramado. Um cortador de grama vagueia pela lateral do campo. Isso dá um cheiro típico de grama. É meio pútrido, mas não chega a incomodar.

Ao tentar entrar, um embaço. Sou barrado. Isso sempre ocorre com esse time, já nem esquento a cabeça. Sei que, em último caso, posso ver tudo pelo lado de fora. A visão é bem obstruída por 02 alambrados cobrindo o fundo do campo. Seria um trabalho de merda. A visão atrás do gol é péssima, a sensação de profundidade é comprometida, e não se sabe direito se o time está no ataque ou não. É complicado.

Me deixam entrar, finalmente. Escrevo algumas linhas no meu diário antes de ir online. 14h51, 09 minutos para o início. Standby.

15h50. O juiz apita o fim do primeiro tempo. Anoto algumas linhas, converso com o empresário do lado. Ele representa alguns jogadores do time visitante. O campo esvazia, jogadores de recolhem ao vestiário. Jogo tranquilo até agora, sem grandes complicações.

15h59. Jogadores começam a voltar ao gramado. Segundo tempo vai começar.

16h59. Fim de jogo, jogadores se recolhem e eu também vou para casa. Tomara que a informação fique correta, tive problemas na contagem de cartão amarelo. Minha contagem não batia com o sistema. O bandeirinha me confirmou o certo, passei por voz para o operador. Ocorreu algum problema de confirmação, espero não ser punido.

Eu tô na paz...

Ao cobrir eventos não se deve dar início a um processo de autodúvida, pois ele pode nunca acabar, se tornando uma paranoia delirante. O lance anterior vai ficar martelando na sua cabeça, dificultando todos os lances seguintes. Melhor escolher algo, dar certeza e seguir em frente.

Isso pode ir além do jogo, entrando na sua vida. Uma sombra presente, mesmo depois do apito do juiz. Aquele lance estava certo? Quando a conexão caiu, eu consegui me fazer entender?

Remoer o passado pode parecer pura perda de tempo (e é), mas muitas vezes o cérebro parece um computador bugado em um loop eterno. É uma merda.

Prazo. Que prazo?

Quanto um jogo pode durar? Bom, alguns esportes têm um tempo mais ou menos fixo (futebol, handbol, polo aquático). Esse tempo está sujeito a prorrogações, paradas para descanso, mas é mais ou menos o mesmo. O que pode acontecer nesse caso são as brigas, que ocorrem de vez em quando. Jogadores se batendo, ânimos acirrados, tudo isso demora algum tempo até ser dissipado.

Basquete pode ser demorado. Se os times entrarem com pouca folga no 4º quarto, se estiverem com vontade de disputar, se for um jogo decisivo para algum campeonato. O céu é o limite. Estourado o limite de faltas, cada nova penalidade se torna um lance livre. Assim que a bola entra em jogo, com o cronômetro rolando, alguém marca uma falta. Game stop. Lance livre, rebote. Falta. Game stop. Lance livre, rebote, falta. Cada minuto no cronômetro demora muito tempo a passar, tudo se resume a uma batalha psicológica. Nervos, até que alguém ceda ou alguma vantagem seja imposta.

A indecisão pode ir até o último lance, se aquele arremesso que virou o jogo valeu ou não. Se o placar terminar empatado, se prepare, pois o desempate pode levar outra hora do seu tempo.

A maior partida que cobri durou 3h30, um jogo de vôlei. Foram 05 sets disputados até o fim, todos passando de 25 (no ginásio do SESI-SP). Pedidos de tempo, um depois do outro, a bola dificilmente entrava em jogo. Quando a bola rolava, não caia no chão, rallies intermináveis. Pedido de tempo, discussão com o juiz, catimba para todo lado. Tudo se arrastava, cada jogada era contestada, nenhum time queria ceder nada, tudo virou uma guerra psicológica.

Até que, depois da meia-noite, alguém finalizou a partida. Fui para casa bem cansado, nem lembro quem ganhou de quem.

Essa era outra constante: memória zero. Eu ficava tão absorvido no jogo que nem conseguia lembrar o que tinha ocorrido. Quem jogou melhor? Quem ganhou? É uma espécie de túnel de atenção: o foco fica no lance e na transmissão da informação. Todo o resto não existe.

Também era bem difícil saber o horário da partida. Sempre fui confuso com o fuso horário, se devia somar ou subtrair. E tem sempre o horário de verão para confundir. Uma das empresas usava o CET (tempo da europa central, até então desconhecido por mim). A outra usava o UTC, que é o tempo de Greenwich sem correção para o horário de verão. Tudo isso operado em Singapura com uma diferença absurda. Enfim, mais uma zona a ser resolvida pelo Scout. O lado bom é que um dos chefes morava no Canadá, o que me dava alguma vantagem no horário.

Chefe bom é chefe que mora em outro país.

Fraude?

O mercado de aposta está envolto em uma suspeita eterna sobre a sua manipulação. Se houvesse um mercado de apostas em eventos climáticos, certamente teríamos nego fazendo chover com um avião para chegar na sua aposta sobre milímetros de chuva na área A ou B.

Talvez em um futuro próximo, fica minha dica aos bookies.

Nesse tema, a história mais triste que conheço diz respeito a um ciclista italiano, envolvido em um esquema até hoje nunca esclarecido. Tal como o fatídico incidente de Dallas (EUA), desperta todo tipo de teorias e especulações conspiratórias.

Uma delas obviamente envolve o mercado de apostas esportivas.

Marco Pantani era um escalador nato, incapaz de sentir dor. Conseguiu ganhar no mesmo ano o Tour de France e o Giro de Itália, duas competições brutais. Naquela época os escândalos de doping estavam no auge, e a polícia prendia atletas e médicos a rodo por posse de substâncias ilegais. Atletas morriam dormindo, exames eram fraudados.

Il Pirata (como era conhecido) foi pego. Testou positivo para EPO (substância que aumenta a taxa de hemácias no sangue), e foi afastado das corridas. Ele se afastou de tudo e entrou em depressão. Seu corpo foi encontrado em um quarto de hotel algum tempo depois, o laudo da morte apontou overdose de cocaína.

Ao mesmo tempo em que alguns atletas eram pegos e afastados, outros corriam normalmente, não parecia existir algum padrão por trás disso. Algumas pessoas eram acobertadas pelas autoridades, conseguiam voltar a correr, apresentavam justificativas para exames positivos.

Rumores apontam como responsável o mercado de apostas, mas esse evento não vai ser conhecido ao certo. Nisso eu aposto.

Coda (vida loka)

Nunca parei de andar de bike, ando desde moleque. Aos 16 iniciei no montanhismo e nunca parei, subi todo tipo de montanha. Também joguei rubgy, levei bem a sério, só parei porque era preciso puxar ferro (isso eu não suporto).

Essas atividades nunca me deixaram ansioso e sempre soube lidar com o risco e a pressão, mesmo andando com outras pessoas e sendo responsável por elas. Conforme seu nível técnico / físico aumenta, é possível dar passos maiores sem grandes problemas. Claro que eventualmente você olha para trás e vê alguns erros que poderiam ter te custado a vida, eventualmente se vacila perante a um precipício, mas no geral é tranquilo. Cheguei ao ponto de fazer rotas sozinho, o que não é recomendado. Eu levo numa boa.

O mesmo não ocorreu no meu trabalho como Scout. A ansiedade devido ao risco pegou pesado, e foi brutal. Eu tinha medo de ser cortado, quando acabava o jogo eu achava que tinha perdido algo, ia atrás de informação para confirmar. Pura perda de tempo, pois o juiz já tinha apitado e a informação tinha sido passada (certa ou errada). Antes do jogo eu nem conseguia pensar direito, saia de casa mais de 03 horas antes, só ficava mais tranquilo ao entrar no estádio. Os nervos voltavam assim que o juiz apitava, e cada desconexão era motivo para uma taquicardia.

Insônia, paranoia. Perder tempo verificando cada informação, somente para notar que a próxima já estava vindo. Ou pior: tinha passado como um trem em alta velocidade pela plataforma.

Viver em constante estado de alerta é bem desgastante, cada semana se transforma em um ano inteiro, essa parada te consome. A depressão que surge é uma forma de combater a ansiedade: se nada faço nada tenho de consequências para lidar com. Mas é uma solução de merda, obviamente.

Isso demorou muito a passar, ganhar dinheiro sempre foi uma questão para mim. Se o dinheiro estava em cima da mesa, as coisas mudavam, a tensão aparecia. E ficava lá, até depois do apito final. Nem me pergunte os porquês.

A mesa é a mesa, em cima dela ninguém se esconde.

Como / quando / onde tudo isso passou eu não sei. Talvez tenha me acostumado, eu não sei. Hoje consigo levar numa boa, gasto meus nervos com outras questões.

E soa o apito final...

Made in the USA
Coppell, TX
23 December 2020

47014302R00059